JUEGOS DE LA MEMORIA

Juan Carlos Sánchez Duque

COLECCIÓN ITES

JUEGOS DE LA MEMORIA

© Juan Carlos Sánchez Duque
© de esta edición: Olé Libros, 2025

ISBN: 979-13-87620-43-1
Depósito legal: V-1076-2025
Impreso en España

KALOSINI, S. L.
Grupo editorial olé libros
equipo@olelibros.com
www.olelibros.com

A mi madre

*Crear es: una capacidad de jugar saltándose
las reglas del juego oportunamente.*

PERE SALABERT

*El hombre que contemplo no desciende
de su memoria sino de su olvido.*

JOSÉ ÁNGEL VALENTE

*Que no se quiebre todavía el hilo
sin fin de la esperanza y la memoria dure
bajo la luz tendida de la tarde.*

JOSÉ ÁNGEL VALENTE

I

ESENCIALES

¿Al cortar mis venas no sangran?
¿Al doblar mi fémur no quiebra?
Entonces, ¿en qué difiero
de ti?

De ti
me diferencio en mil detalles
que son superficiales, pero
en lo esencial somos iguales.

A TIEMPO PARADO

Hoy me asomé
bajo el alféizar
de tu ventana,
vi pasar una nube opaca y solitaria,
se respiraba una paz solo alterada
por el rumor de la arbolada.
Allí me quedé esperando que asomases
por la esquina que baja hasta tu calle.
Los vecinos que cruzaban, todos me saludaban,
algunos me sonreían, la mayoría me nombraba.
Aquí me siento como en casa,
este es el lugar que siempre quisiera.
Inquieto por la espera
bajé, salí a la calle,
subí la cuesta,
apresurado el paso.
Al fin te vi,
el tiempo se ha parado,
recordé el día en que te conocí:
sonreías con la mirada,
tu voz, tierna, temblaba;
así te sentí, cálida y cercana.
Tus pies y mi corazón se aceleran.
Por fin entre mis brazos cesan
las ansias de tenerte de nuevo a mi lado.

PERJURO

Yo te perjuro que lo vi
cruzando sobre la ínfima línea,
ese opaco infernal abismo
desafiante ante las sombras
que devoran almas y cuerpos.
Espalda húmeda tensionada,
de mirada ausente, funámbulo
recita versos transparentes,
deglute con aire viciado
la muerte que dejaba atrás
salvando el horrible destino,
componiendo fugaz tesela
que condense esquivos rocíos,
remilgos pulcros de niñez.
Juro que aquel día lo vi.

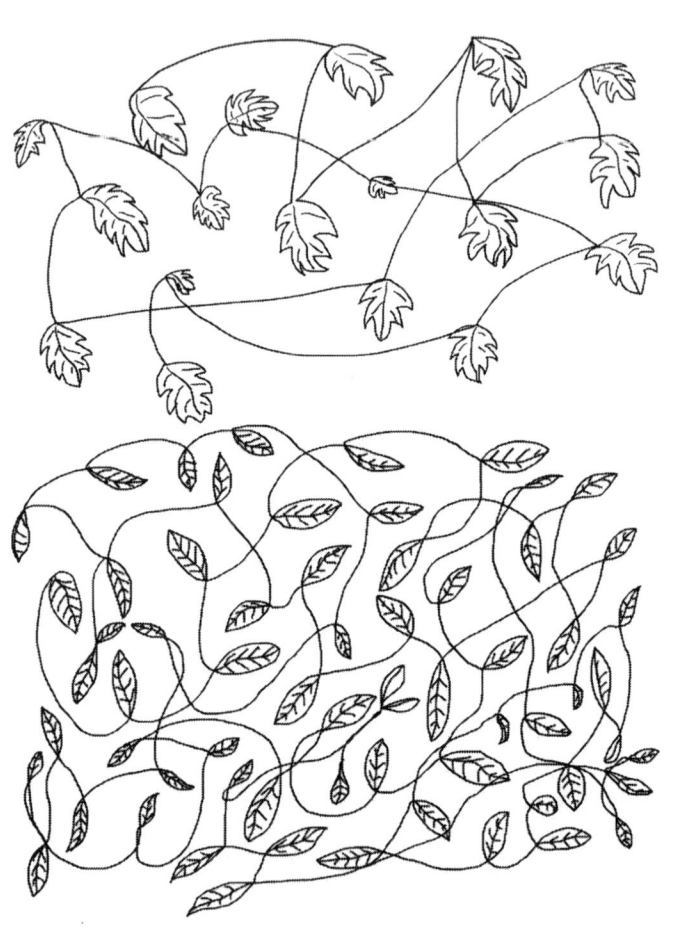

EL EFÍMERO MOMENTO

El abismo entre escasos metros,
la fugaz doble mirada
que en lo etéreo se golpea.
Un instante, pero eterno
entendimiento. Fugaz
estremecimiento interno
sutura ajadas heridas
con invisibles palabras.
Las miradas descruzadas,
un abismo entre los cuerpos,
verosímil erotismo
perdido entre los infiernos
de gente que los circunda.
Aislados en multitud,
se añoran sin conocerse,
por siempre recordarán
el efímero momento.

TAN SOLO UN INSTANTE

De repente surge el hielo
anegando toda la mente,
la vacía, inutiliza,
se propaga vasto intersticial,
hasta que niega la vida.
Después, abatirse ante el averno,
desesperante e incierto.
Es tan siquiera un instante,
no percibido al entorno,
transparente por los demás,
tan solo mueca sutil
revela renegrida sombra.
Vibrante inicial instante,
permanece su eco por días.

Cuántas veces

Cuántas veces te habré soñado
desconocida efímera existencia,
qué palpitante instante del encuentro
que jamás se ha producido.

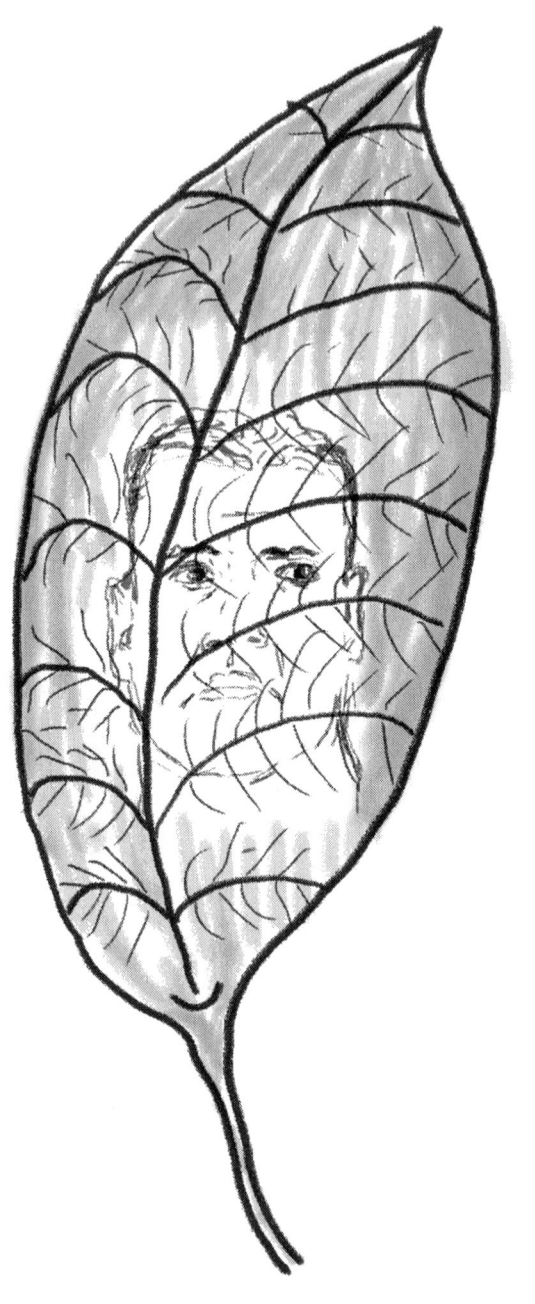

Es ahora

Vacío en la inexistencia de aquello que terminó,
destruye como ser larvario, carcomiendo
cada nimia entraña, sopor acidulante,
luz gruesa, pesada, mortal, es en cada momento.
Aletea, palpitante, por asir un nuevo instante
por habitar, reviviendo lo ajado, dentro del despecho.

Así es el vacío, lleno de ínfimas hosquedades
desabridas, níveas calenturas, ansias por dentro.
Él dice:
«Ahora me doy cuenta
de lo que no he tenido,
de aquello que tuve y perdí,
cegado en la oscuridad,
cegado en el razonamiento,
en la luz y su sombra,
en la muerte de toda carne.
Es ahora el momento,
es hora de lo esperado,
es ahora o ya nunca».

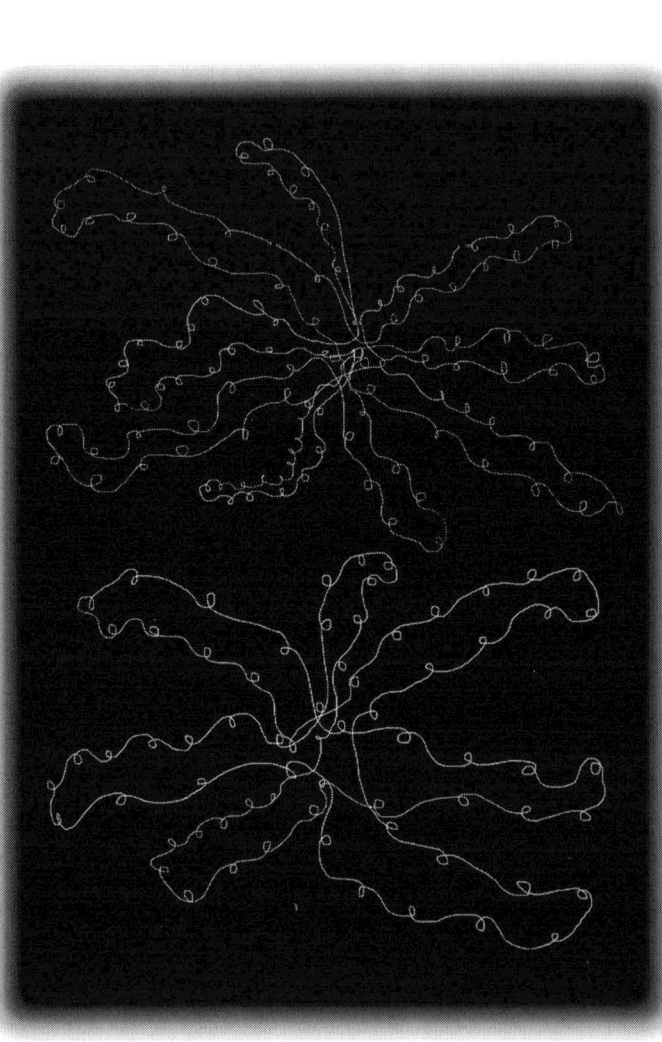

¿RECUERDAS VENECIA?

La plazuela a la sombra del estío
acoge al vagabundo,
calles fluidas surcadas de embarcaciones
transitaron nuestras almas, deambulando
en la incandescencia nocturna.

Acompasados trasiegos nos descubrieron
la ciudad ignorada,
celosa en sus enigmas,
sigilosa e ignota, oculta sus misterios.
Música rejuvenecida florecía
velada tras las máscaras
vivas, alegres,
magias en las miradas.

La piedra con pies de madera,
las fachadas labradas,
fresca y húmeda mañana,
San Marcos con botas de agua,
terrazas al borde de los canales,
con la Bienal en nuestros corazones.

Recuerdo hasta cada pequeño detalle de nuestros días en Venecia:
recuerdo los atardeceres granate deslizándose entre los dedos,
recuerdo tu sonrisa sincera, tus palabras, tus gestos, tu terneza,
recuerdo la excitación a la llegada, la melancolía a la partida.

Recuerdo tantas cosas como si de verdad las hubiésemos vivido.

SIMPLE

Que la vida va de la vida,
simplemente,
que la vida consiste en la vida,
así de simple.

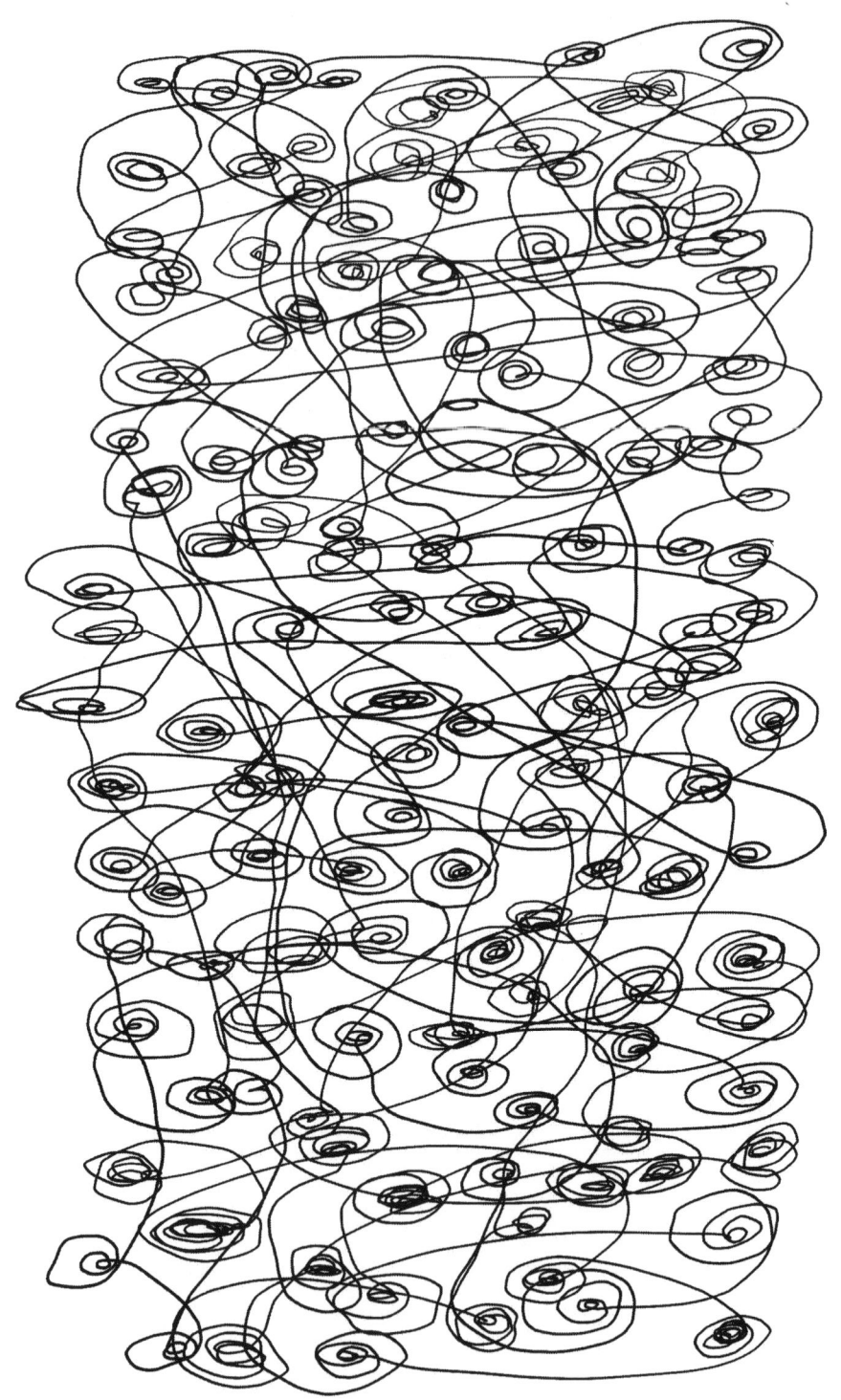

La soledad

es un
efímero
momento.

A veces,
angostado en el pensamiento,
otras, resbala extremidades
abajo,
se queda abatida en el suelo.

La soledad
puede ser aciaga compañera;
en cambio,
es capaz de ser buena consejera.

La efímera
soledad es
un instante vencido,
superada la hiel,
alejado el quejido.

Superar a la soledad
es aceptar su esencia,
apreciar su presencia,
llenar el cuerpo de paz.

II

Interferometrías verbales I

¿Por qué lloras? ¿Qué pasa?
No lloro, tan solo es gemido.
Pues ¿qué ha pasado?
La vida, a veces pasa de costado.
Te entiendo, es muy muy injusta.
Sí, deja que cuente, verás:

Me encontré otro marchito brote yermo
oculto bajo la luz ennegrecida del alba,
con el aleteo y sinsentido de algunas voces
que pesaban como pana mojada;
la oscuridad flamígera de venas
enquistadas en tierras lejanas y empobrecidas,
seca sabia cruda petrificada y calcinada,
recorrida por micelios, por hifas;
acidulada, aguas emponzoñadas
que atrapan vida, transitan muerte, disuelven todo,
prometen eternidad regentada por las parcas
de sonrisas falsas, de ojos absortos;
una vez más, la materia que forma la materia,
transmutada en misma otra, con parásita función,
ganando las entrañas, colapsando sin perdón,
cada ínfimo reducto de vida del propio yo.

Me reitero, te entiendo.
Ya, pero aún de eso hay más.
Espera, sí, antes déjame:

la vida es ciclo que se reinventa a sí misma,
es como ave fénix, como eterno retorno,
es barro fecundo que de la materia inerte

33

nace, crea nueva esencia, dibuja nueva vida;
la vida es efímera, es delicada,
se mide en su conjunto,
tiene su propia lógica,
lo importante es que todo lo supera.

¿Quieres decir con eso que todo es relativo?
Quiero decir:

Que con la vida, muchas facetas cohabitan,
Nietzsche diría, más allá del bien y del mal,
no estoy sugiriendo: hacia otro lado has de mirar,
si no que apreciemos todo en su vasto conjunto,
asimilar lo menos bueno,
entusiasmarse con todo lo demás.

Ya, bueno,
eso complicado parece.
Y puede que, por serlo,
así lo merece.

ELEGÍAS

Un día, de repente, se van,
atrás queda la sombra,
atrás queda lo innecesario,
las oscuridades del alma,
la luz de entendimiento,
la soledad.
Cuando se van no queda nada,
tan solo un velo en la memoria.
Cuando se van se rompe todo,
la efímera luz que arroja sombras,
la palabra, la materia.
Cuando se van se pudre todo,
la lluvia lo borra sin preguntar.
Cuando se van
                    no me queda nada.

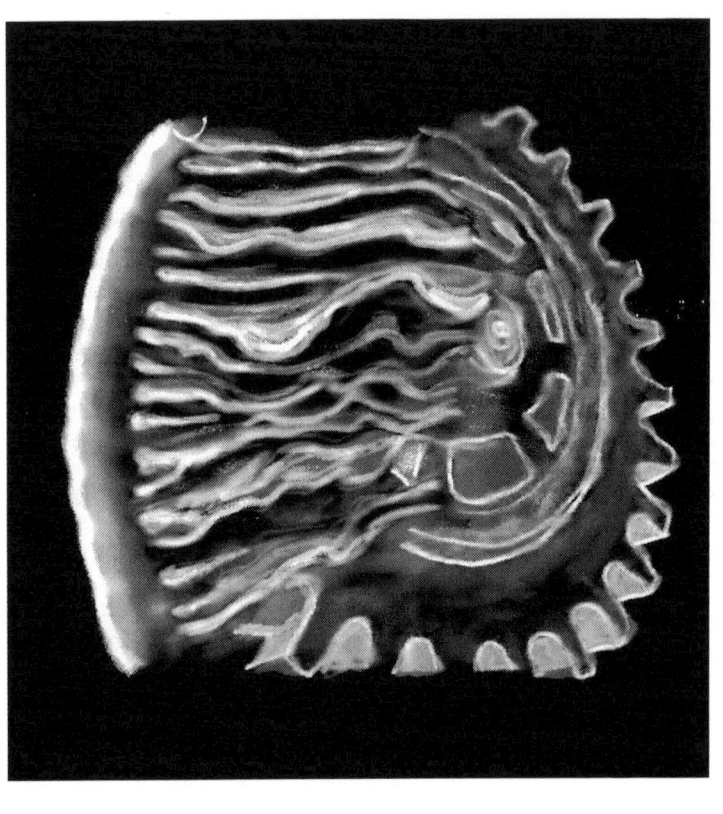

ALMA POSINDUSTRIAL

Acero oxidado recorre sus venas,
transparentes mecanismos,
incluido el ronco corazón.
Un hálito contaminado,
que exhala hasta la metálica piel,
encaramado deglute helicoidales dientes,
sumideros del alma impía.
Manufacturadas sonrisas
remiten robóticas figuras,
poses poseídas de infernales chirridos,
iracundos mensajes,
espanto, sobresalto, turbación,
galvanizados sentimientos
que predican en venideros
y ahuyentados consensos
que, de su alma, su sustancia, su esencia
tan solo queda la maquinaria
y la mirada posindustrial.

Poemas entrelazados

Los comienzos esperanzas que tejen,
El final apoca breve sin avisar.
siempre hálitos que florecen cándidos
Que imprime espuma negra sin forma entendida,
en gritos de futura libertad,
que anegue hundido extinguidos y amedrentados
hinchadas piernas, osado corazón.
términos, o expiración, sin mediar palabra.
La luz, el camino, lo sosegante,
Son las opacas umbrías que languidecen
todo suma, nada resta, en pos.
el amarillento medular interior,
Los comienzos irradian interés,
que no asonante, o consiga, jamás estrofa,
vibrantes, obstinadas certidumbres
deflagrando hosco en la abisal concavidad.
que arrinconan sombras del corazón,
El final emulsiona los iguales, transmuta
y así durante años, eterna ilusión.
en antónimos para toda eternidad.

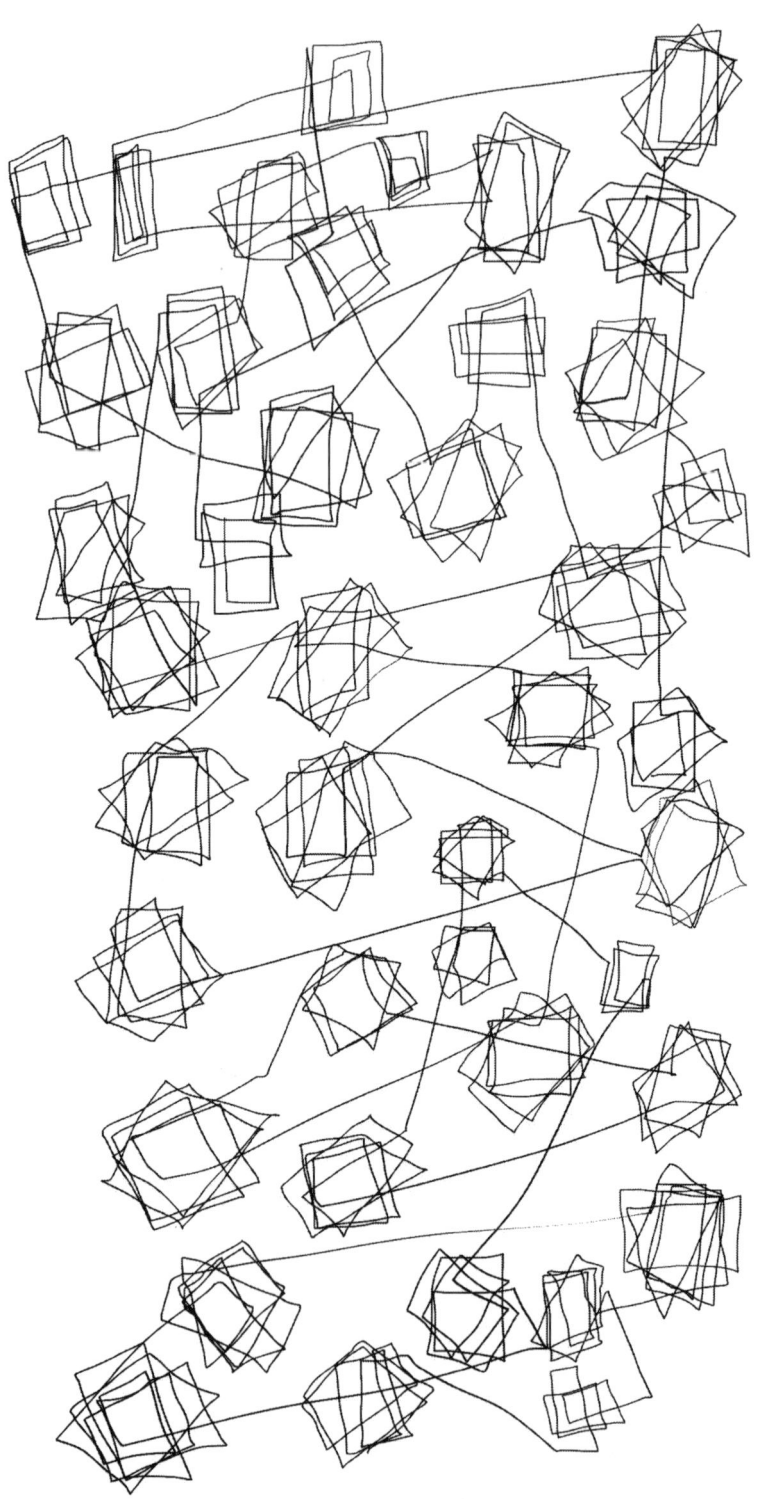

HOMENAJE A VALENTE

Desde tus propios ojos
me observo, evolución
asintótica, excéntrica,
cíclope percepción.

¿Y quién me reconoce?

Desde tus propios ojos
profundizo en mi centro.
Indagar en mis huellas
como ave que dejó
sus alas en tu pecho,
jamás volvió a volar.

Desde tus propios ojos
comienzo, merodeo
la piel que nos separa,
que se llena de mar,
bebe de nuestra arteria,
y entiendo en plenitud
                 cómo la densa luz
nos envuelve y nos mira
desde tus propios ojos.

GANAS

Tengo ganas de dormir-morir
en la sedienta amplitud
de tu existencia.
Imagino tu hogar como el estudio de un artista
pulcro, ordenado,
de paredes claras, con amplia luz
intensa y sosegada.
El ritmo de tus labios pausado, armonioso,
me revela los cuentos, antiguos relatos,
que afloran en los pequeños detalles de nuestras vidas,
en el vasto sentir de tu sonrisa en mi interior,
con abrazos largos que mecen como el mar.

Tengo ganas de despertar-vivir
al cálido regazo de tu piel
que contiene el significado.
Lo imagino como bello paraje al soleado amanecer,
reflejos como pinceladas de pintor
en agua clara y mansa
frondosa y fresca vegetación.
Tus gestos susurran en mis oídos palabras impronunciables
que tan solo comprenden las entrañas,
palpitan acompasados en un mismo son
que remite a ancestrales armonías,
cadencia imperturbable en lo insondable de tu ser.

VIDA TRISTE DE CARTÓN

Recorta pequeños trajecitos de papel que solapa con cuidado
en su monigote desnudo de cartón que simula ser muy feliz.

«Trate con diligencia. Preferible intentar que nunca sea mojado,
tampoco doble o recorte al personaje, limítese solo a jugar».

Advertencias en el reverso, en vez de tener un *alter ego* dibujado,
así sería más fácil, entre antónimos gestuales, el alternar.

Los días que amenaza lluvia recolecta sus recortes con fruición,
en sus amarillentas hojalatas de antaño, decoradas a mano.
Los días ventosos le basta con colocar pequeñas piedras encima,
y el resto disfruta, alternando combinaciones, buscando lo ideal.

No quiere atender a razones cuando le digo: la vida es mucho más.

A veces, lacrimosos goterones desdibujan, engurruñan, chafan
la colección de papeles, efímeros, fatuos, que llenan su existencia.

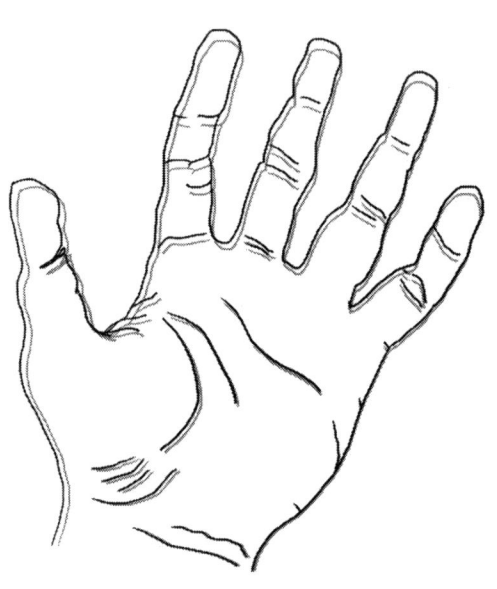

ENTENDER

Dejar de ser el que siempre he sido
para empezar a ser el que soy,
magullar las indelebles corazas
que alejan la tersa realidad,
husmear en la tosca superficie
palpitante de viva necesidad,
contener en la palma de la mano
lo inabarcable del lugar al que voy.

QUIERO DE TI

un aleteo
que se convierta
en suave bruma.
Quiero de ti
un nuevo instante
sediento, ansioso,
que me remita
al frío invierno.
Quiero de ti
luz de tinieblas,
alas de agrestes
sombras inmóviles,
que luzcan como
hambriento, amargo,
desesperante
vacío interno.
Quiero de ti
lo que no tienes,
nube traslúcida,
vibrante espejo,
ajado soplo,
mirada triste,
sonrisa etrusca,
cansada pose
de insecto palo.

No quise nunca
doloroso aire,
oscura luz,
quebrado aliento,
rocío ardiente,
menguado adiós.

Sincopada alma
tintineante,
opaca el cielo,
rezuma verbo,
escupe hiel.

Se fue sin dejar huella.
Fue, no quiso volver.

Extasiado durmiente

Encerrado exhalo en paredes ciegas,
bajando al valle de la luz perenne,
beber de sus aguas lúgubres, tiernas,
volver rezumando esencia, doliente.
Encerrado exhalo encajadas piezas,
componiendo breve, días decrecen,
anhelantes ansias, sabor nutriera
de esencias hondas que mi alma me ensueñe.
Encerrado exhalo, engalana, puesta
esperanza aprendo, vigilo cesen
elevada negrura, eclipses muecas
que entero constriñe, o cerebro enferme.
Encerrado exhalo luz que no mienta,
proyectada paloma, tez sonriente
aleteo fugaz, en brazos meza
elevado final, florido esqueje.
Encerrado exhalo congelada hebra
transitando ligero, paso breve,
recordaba colorida esta senda,
reconfortante, extasiado durmiente.

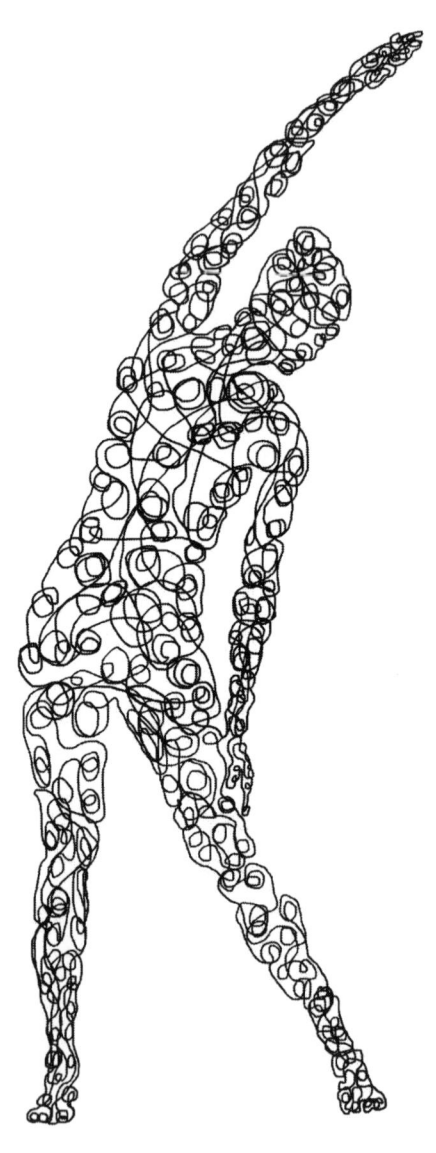

LA VOZ

La voz de la conciencia
me recita versos inconclusos,
se compone en mi mente,
los desliza hacia sus hondos surcos.

La voz de la conciencia
me dice palabras con forma de queja,
trasnochadas,
de mirada estrecha.

La voz de la conciencia
compone relatos que no son verdad;
se adhieren opacos, rezuman
nieblas sin voluntad.

La voz de la conciencia
me muerde,
gajos de esquiva esencia,
oscuras hieles zahieren.

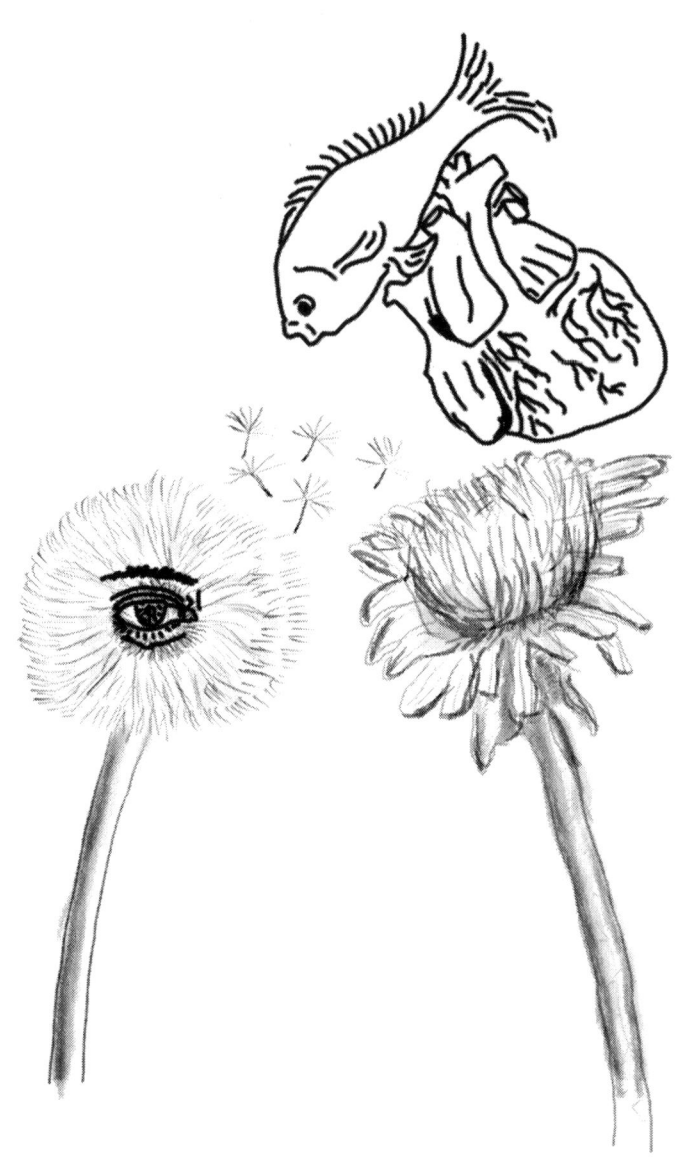

TRES, CINCO, OCHO, TRECE

Un dios,
de piel satánica
recubre a la perfección
con tersa textura de ceniza volcánica,
irradia
luz transparente
bendecida y terrenal
que congela deseos, pasiones y el mal.
Atrapa
mi alma en pedazos
que deglute en lenta e insana
lentitud, aferrado al centro de tus manos,
devora
hasta mis hábitos
tendidos, tan esparcidos,
que rellenan pinceladas multicolor
del ansia
de tal paisaje
crepitante de pasión.
Jamás ha librado antes semejante don.

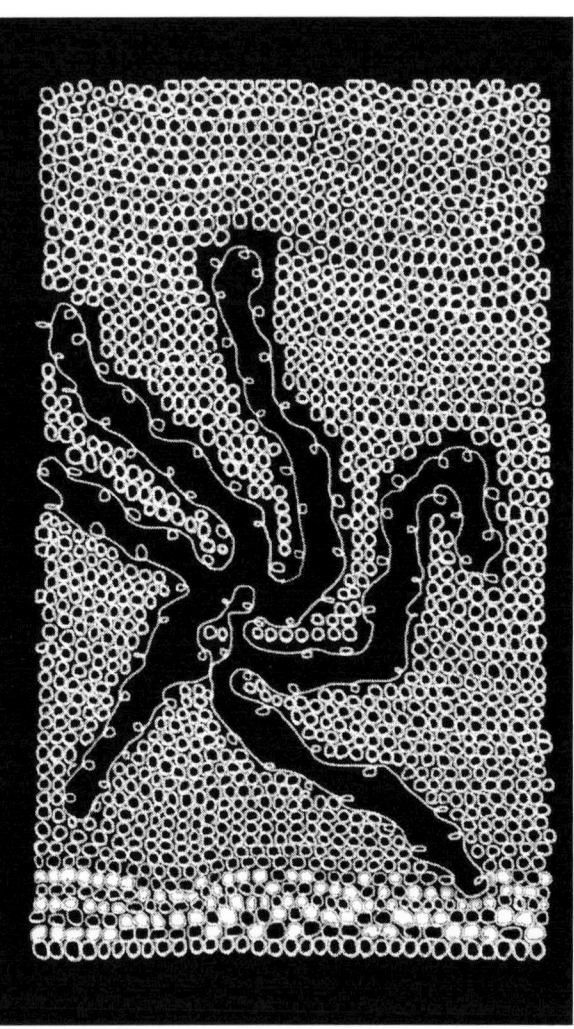

Amabilidad

No recuerdo en qué momento exacto perdió
de vista a la estrella polar.
Sufro.
Solo a mí deberéis culpar,
la oscuridad circundante me lo impidió.

No recuerdo cuándo la palabra perdió
su emotivo significado.
Hablo.
La palabra carece hogaño
del poso, del arrojo, del cuerpo y pasión.

Quizá no recuerde nada, pues decidí
olvidar todo ese dolor.
Veo.
Torpe camino te abrigó,
de fatua pétrea flama te dejó cernir.

Los recuerdos no hacen presente, solamente
se agolpan y sostienen en falso.
Grito.
No me escucha nadie, dañamos
los tiernos corazones; huyen como de la peste.

Hay reyes Midas de lo antónimo del oro,
que mutan solo al señalar.
Lloro.
Nadie, pues, se deja palpar
solo tenaces necios; benditos beodos.

AYUDANDO A SÍSIFO

Quería a Sísifo ayudar
aunque el cómo no sabía,
le oí que decía un día:
«que la vida no me da».
Es ahora que lo pienso
de un subir y bajar tenso.

Así que una nota escribí,
dejé al pie de la colina.
Esperé al final del día.
Con mis letras conferí
que trocara el pensamiento,
que su voz sonara al viento.

Ahora:

Disfrutamos de la brisa del mar,
visitando, sin premura, lares distantes,
sintiendo la vida fluir,
consumiendo el ser en instantes.

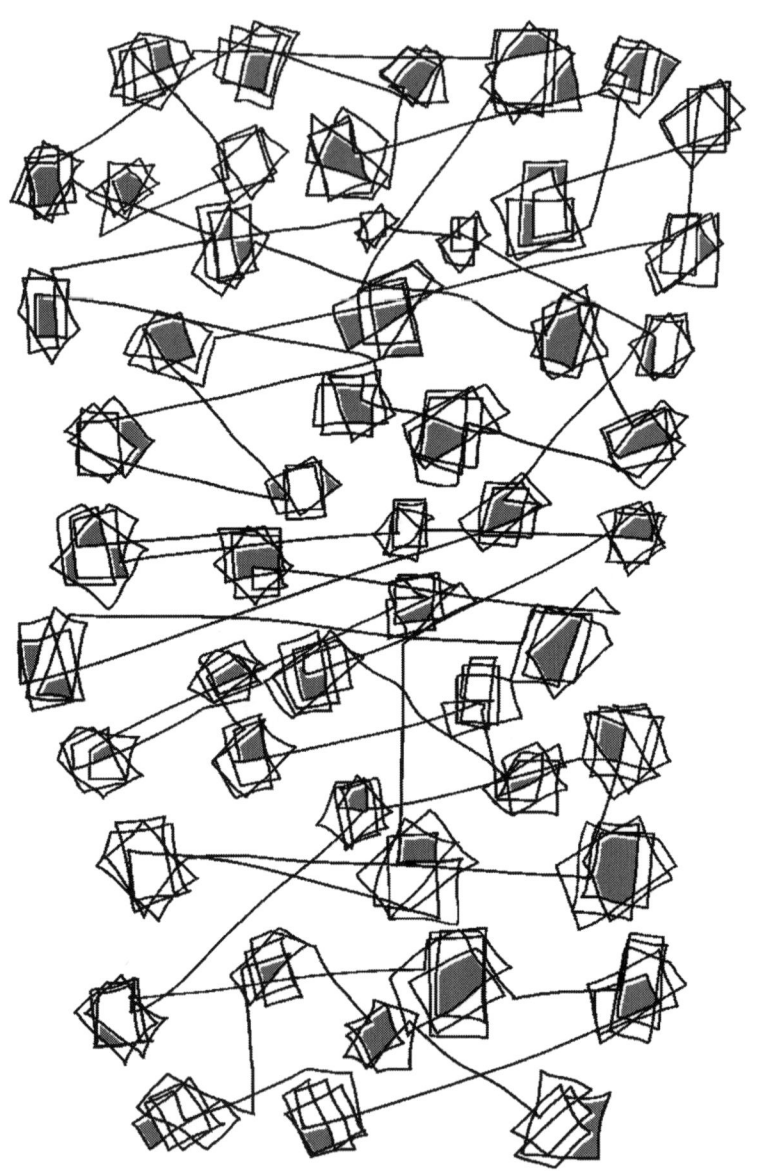

Hilos

Hilos cuelgan desde los nudos de mi corazón,
se desanudan cada vez que te cuelgas en ellos,
unos con herida reciente, otros cicatrizados.
Subes el botiquín que de tus palabras bebemos,
sanas toscos secretos, mitigas la desazón,
lames con ágiles verbos esos viejos empeños.

Aquí yo solo espero
a que no quede ni uno.

Hilos que cuelgan de mi corazón
se acunan delicados en tu seno,
empapan tu cuerpo por difusión,
de amor, todo tu ser se impregna lleno.

Sextina amor real

Estoy contento con lo que yo soy
y, por ende, con lo que de mí acervo.
Tengo mucho que si quieres te doy,
pero si no lo quieres lo reservo.
Amor que te pude dar y retengo
es justo el mismo que para mí tengo.

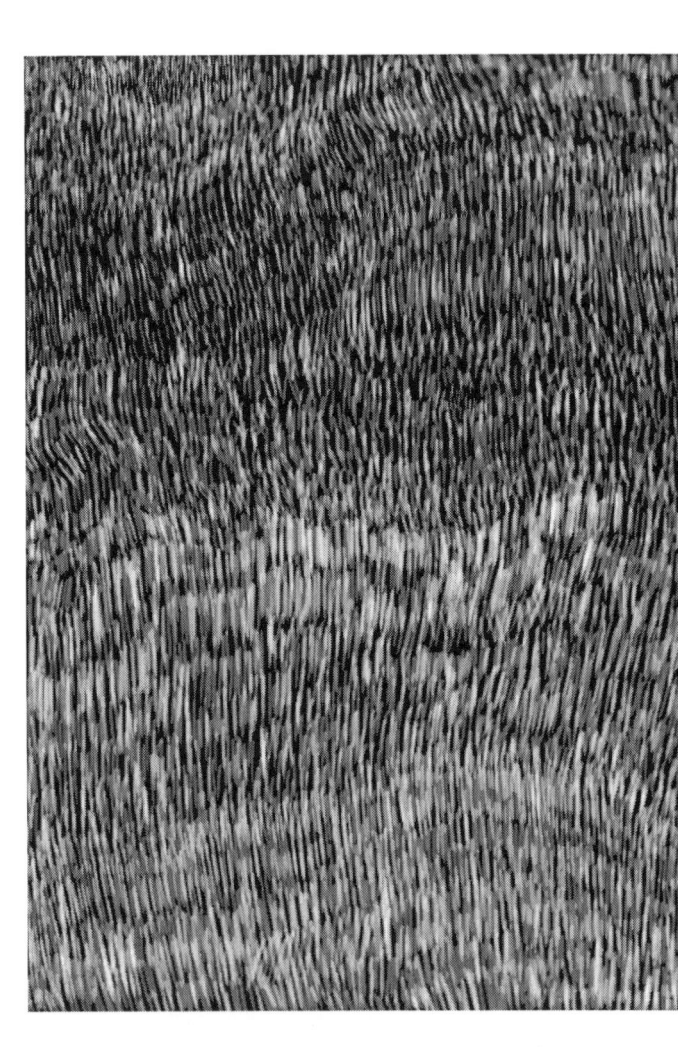

Oscuridad iluminada

Oscuro, oscuro, oscuro
deseo,
ilumina el interior, proyecta las sombras.
Oscuro y vivo
deseo.
Ilumina la oscuridad,
la oscuridad iluminada.

HABITAR EL TERRITORIO

Habitar el territorio,
impregnarlo,
desearlo,
sentir cada menudo detalle.

Percibirse parte de ese todo,
experimentar,
apreciar;
el vínculo nuevo nace.

Habitar el territorio,
permear,
penetrar
las esencias que nos hacen propios.

Respirar los aromas intactos,
libar,
saciar
las carencias del cuerpo larvario.

Habitar la nueva piel, la visión que nos muestra ese deambular sobre las esquirlas sempiternas de la naturaleza. Siendo eternamente consciente de la inabarcable necesidad del sentimiento, germen de la oportunidad y del avance consciente sobre la trasluciente certeza. Consumir cada accidental instante que secuencia la objetiva existencia y va confeccionando el pretérito como una cronología desplegable que le da sentido al proceder.

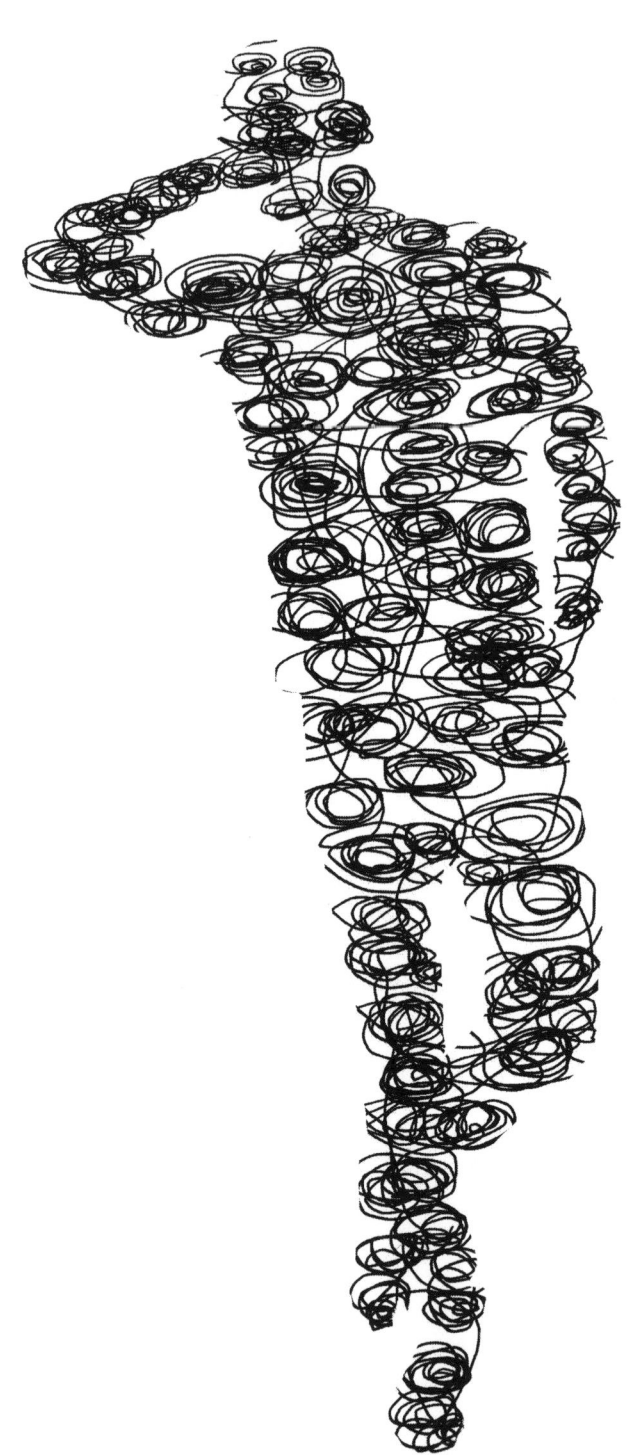

Narcisos

Que la naturaleza humana
es, en cierto modo,
egoísta, es una realidad.
Pero no quisiera pecar
de comentario bromoso,
ni que mis palabras molestaran

cuando, henchido en mi pensamiento,
afirmo que parece últimamente
que el narcisismo va en aumento,
profundamente.

El egocentrismo desgraciadamente se siente
en nuestro comportamiento hacia toda la gente.

En estos detalles me centro:
en si fumo en público y con el humo molesto;
en si mi mascota ensucia y al transeúnte afecto;
en muchos detalles cuando por la vía conduzco;
en hablar a voces dentro de un espacio público;
en no recordar que mi libre proceder está limitado
por el libre proceder de cada uno determinado;
cuando, a sabiendas, obstaculizo el paso;
cuando ensucio, molesto y lo de todos no cuido;
cuando no escucho, solo a mí me oigo;
cuando me creo el centro del mundo;
cuando no reparto halagos, solo insultos;
cuando me priorizo por encima de sus derechos;
al volver tarde y por la calle voceo;
alguien en apuros que ni siquiera veo.

Y estos son solo algunos ejemplos
de cómo los narcisos van en aumento.
Por favor,
decididamente atajemos
tanto altanero comportamiento.

IV

AMOR HIDRÓPICO

Amor,
es algo extraño,
pero desde que salgo
contigo, yo retengo líquidos.
Aunque todos los tipos de diuréticos
he probado, mi volumen estomacal
endurece ciegamente, no para de aumentar.
He consultado al especialista de la ciudad,
cientos de pastillas y me siento fatal.
Probando estoy hasta con cultos sincréticos,
me he iniciado a componer dísticos.
Contigo ya no salgo,
seguiré otraño.
Adiós.

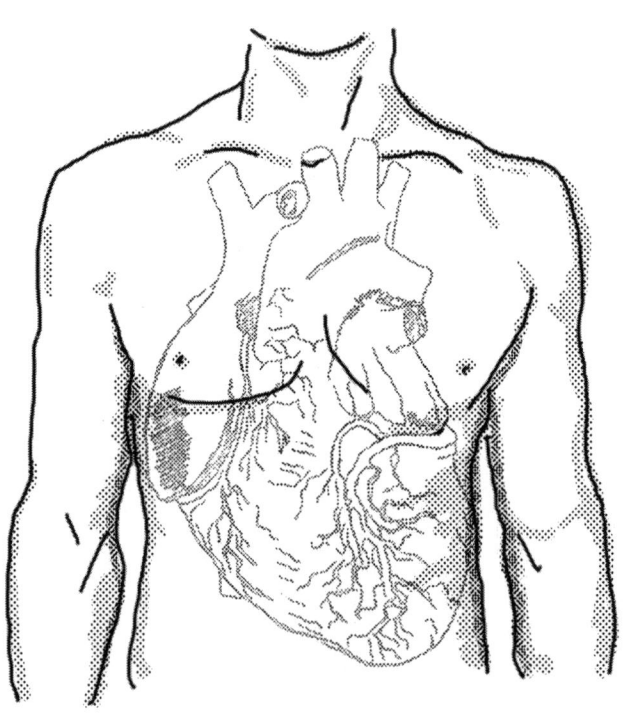

AMOR ATÓPICO

Sensibilidad en la piel
(caricias que no llegan),
alteraciones de la dermis
(magulladuras viejas),
tactos de hiel
(esperas que no cesan),
escozor por la sepsis
(que jamás se completan),
marcas que yo no hilé
(ansias bajo sospecha),
que te dejaron débil
(que ocultas se renuevan).

Reacción, hipersensibilidad,
incitación, vulnerabilidad.

Amor sobre la piel,
que reacciona y sensibiliza.
Pasión a flor de piel.

Atopia superficial,
atopia intersticial,
atopia profunda y abisal.

Rebeldía, obstinación,
empecinamiento, ofuscación.
Amor atópico de bipolar obcecación.

AMOR ALOTRÓPICO

Bajo las cambiantes propuestas,
tu amor mudable,
desigual,
forma adaptable
de tus corazas manifiestas.

Es la palabra alotropía
que hasta ahora desconocía.
Escasamente hace unos días,
transfiguraba, aparecía.

No quisiera ser, mi amor, descortés,
seguro estoy: sufres alotropía.

Alotrópico es el hierro,
alotrópico el oxígeno,
¡ay, amor!,
alotrópica tu tesura,
alotrópica tu cordura.

¿Y quién
me dijo:
              la vida
              es aire
              en manos
              del vano
              destino?

Atrapado en tus brazos, Durga,
desconsolado narcisismo,
mece y zarandea, alma nula.

AMOR DISTÓPICO

Amor afónico,
ni se pronuncia
ni tampoco oye.
Amor dislate,
ni se si atiende,
ni se percate.
Amor disforme,
ni crea ni destruye,
tan solo se transforme.

Afines a utopía:
quimera, fantasía,
ilusión, sueño, idealización,
ideal, anhelo, imaginación.
Lo opuesto: distopía.

Amor distópico,
sin futuro ideal,
real, material pésimo,
de negativo entrópico.
Amor distópico,
sin comienzo o final,
remate pérfido,
consumo anisótropo.

SE VENDE

Se vende plaza de garaje,
se alquila, se presta, se cede
pintoresco derecho, pase
intermitente, ulular breve.

Se busca habitación vacía,
fantástica vista añil claro,
espacio sesgado, partida,
que ofrezca compartido baño.

Se busca persona aburrida
que aporte sueldo, sin familia,
soporífera, muy callada,
que vista en verde, no estampada.

Se vende vida, se comparte,
sin objeto predefinido,
amplia dote, amor sin casarse,
papeles, contratos cumplidos.

Se alquilan tres sueños borrados,
por poco uso, casi olvidados,
se rentan junto o separados;
se permite uso, actualizados.

Termonuclear

En el principio estuve yo,
y desde entonces no he faltado,
vital,
reacción vital, necesaria.

La materia me pertenece,
es fruto del amor de dos partículas,
presión y cercanía.
La fuerza de atracción
vence la repulsión electrostática,
la pasión exoenergética
al margen del primer principio.

Como alquimista celestina
paso mi tiempo;
fusión,
convertir energía en masa,
masa en energía, de nuevo,
lo esotérico cuántico mi sino.
Blasón,
honor, gloria en mi nombre,
para el otro, ignominia.

Manantial de la vida,
calor
de radiación,
basamento para la esencia
en donde se sustenta
íntegro lo demás.

SE RECOMIENDA

Manténgase fuera del alcance de los niños,
manténgase fuera del alcance de otra edad.
Aléjese de aquellos cuya edad sea primo,
aléjese de los que su edad sea un impar.
Prohibid cuando sus nombres comienzan por hache,
prohibid a los que terminen por la letra «a».
Que ni se acerquen los sujetos de pelo suave,
que ni se acerquen los que luzcan perfecto traje.

Prohíba lo prohibido: remita importante la seriedad:
Prohíba, mas evite lo prohibido: manténgase alejado en
sociedad: Tache, si usted justo así lo desea: carteles, sofismos,
publicidad: dibuje más mensajes impostados: ardiente
consumada pubertad: regurgite saberes aprendidos: vacíe su
paso sin libertad: Deshágase de todos sus recuerdos: sustituir
por una vaga frialdad.

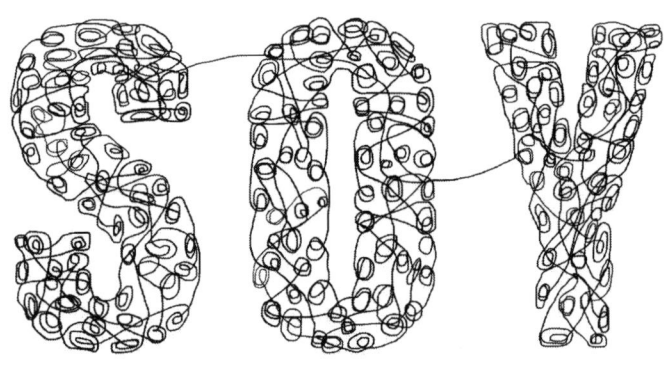

Romancillo del número

Un número yo soy,
aunque a ti te sorprenda;
me juzgan la apariencia,
y muchos no me aceptan,
es patente ignorancia,
es profunda torpeza.

Un número yo soy,
lo irracional se expresa
por ser dicaz constante,
entero ser quisiera.

A veces me enamoro,
otras, tristezas tensan.
(La ecuación de Dirac)
da envidia, me recela.
Un número yo soy,
no es que quizá lo crea,
es que ellos se equivocan,
con letras me emparejan.

Un número yo soy,
esencial me cotejan
por la ecuación de Euler,
por mí hasta que fallezcan
la función logarítmica
(esas sí que me alteran),
o las distribuciones
de exponentes molestas.

Un número yo soy,
lo infinito contenga,
en infinitos números,
aunque solo ellos sepan
que aproximo a dos y algo
si tantear tuvieran.

Un númcro yo soy.
Mi identidad alberga
aplicaciones cientos,
mi esencia útil heredan,
epicúreo gusto,
de tez frisada y argenta.
Soy natural fenómeno,
yo soy el número asceta.

Algoritmos

Las cuartetas de Euclides
Sentados a una mesa, planteado
que somos tanto tú como yo, amor,
busco el común máximo divisor.
Expuestas nuestras cosas, observado

lo común también se queda expresado,
restando de que es mayor el menor,
hasta encontrar solución, se hacedor
y ante mi sorpresa ya se ha acabado.

Las redondillas de Routh
La estabilidad buscando,
en fila, columna, ordeno
nuestros factores en pleno,
y este guarismo iterando:

producto oblicuo operando,
después restar y almaceno,
con la división cerceno
por referencia, anotando

lo que el signo va indicando.
Repita el proceso en lleno,
tantas filas concateno
como el grado comparando.

A saber si amor menguando,
fíjese el signo relleno
de la columna epiceno,
la primera que va aunando.

Si el signo le va cambiando
es su idilio antropoceno,
inestable, no es ameno,
mejor vaya disipando.

Por el contrario, triando
si no cambia, aún ser menos,
enhorabuena, resueno
su idilio se va encauzando,

usted tiene, de estabilización, un claro ejemplo.

PARA QUÉ SIRVE LA POESÍA

¿Para qué no sirve la poesía?
Quería saber si no sirve en algo,
pues bálsamo de fierabrás parece,
quizá no sirva al ingeniero para
todo el cálculo infinitesimal,
o al médico que receta Prozac.
Quería saber si no puedo usarla
para el dolor, para el ansia perenne.
Pregunté si aliviaba al joven laso,
o quitaba el mal de una noche fría.

Me dijeron que sí, que sí, que no sabían,
que por mucho buscar quizá no lo hallaría.

Alargué las estrofas, pues límite no sentía,
indagué en los anejos, escritos y biografías,
quizá sirviese para todo, impelé con inquina,
quizá la búsqueda terminaría complacida.

Volví a las estrofas endecasílabas,
y aquella señora me miró mal,
pues jugué con versos como un chaval,
y no holgué en metonimia o metafísica.

Supuse que para algo no servía,
para *stalkear* me lo imaginé
no serviría, o nadar con anginas
no ayudaría, entonces me frustré,
lo de pedir ayuda, ni sabía,
me dormí, dejé pasar todo un día,
pregunté si al colocar anaquel

valía, o para el que hace uno, hace cien
surtía, fuesen cesteros o infiel,
total, para el que no esté medio bien
quizá no sane ayudar cual sedante,
o al que le quite esa faz de pedante.

Me queda por saber en qué no vale,
Me queda por saber

                       ¿en qué no sirve
la poesía?

El club

El club de los rapsodas ebrios,
ebrios de vida, creí haber entendido,
palpitando verbos, conjugando acciones,
rezumantes de palabras que dibujan en el aire.
El club que atiende a todos, no admite a nadie
que no crea en la densa espuma de los ángeles;
un club que acoge a usuarios obsesos de las redes;
que se aflige por la pérdida del fondo para creadores;
que no distingue nada de lo distinguible;
que se pone del lado del procaz y necesitado;
que contesta mensajes de voz a «dos equis»;
que resuelve retos a lo Alejandro Magno;
uno que a alguno de los Marx le habría gustado.

El club de los rapsodas ebrios,
el que Bukowski habría idolatrado,
pero seguramente no recordaría haber visitado;
un club que respeta a amantes del ASMR,
que bosqueja sonrisas permanentes
para con todos sus *premium* usuarios.

Al club de los rapsodas ebrios
no se puede simular con algoritmos genéticos,
la estadística no converge, la aproximación
del error no se ajusta al profundo aprendizaje.

El club de los rapsodas ebrios
envuelve la luz de versos contenidos
como si hiciesen cohabitación
con imperecedera evocación.

ÍNDICE